くまモンの
ボクのきもち

くまモン

辰巳出版

まえがき

　もう15年たったのかモン。あっという間だったけど、振り返ってみると、ほんとうにいろいろなことがあったモン……。
　ボクがデビューしたのは2010年3月。翌年に九州新幹線全線開通をひかえて、「熊本が素通りされるかも」という危機感にみまわれたかららしかモン。
　天草出身の放送作家・小山薫堂さんが「くまもとサプライズ!」というキャッチを考えてくれて、デザイナーの水野学さんがロゴを作ってくれたモン。そのとき一緒に作ってくれたイラストがボクの前世みたいなものだったって聞いたことがあるモン。
　この世にあらわれてからは、みんなが一生懸命、育ててくれたモン。ボクは生まれ育った熊本が大好きだモン。まずは大阪に行って熊本のことをみんなに知らせようとしたモン。大阪ではおともだちもできたし、名刺配りもしたし、少しずつボクのことも熊本のことも知ってもらえるようになったモン。
　2011年3月12日の九州新幹線全線開通のときは、華々しくセレモニーにも登場するはずだったモン。でもその前日、東北の大震災が起こったモン。東北のこと、とっても心配だったモン。それで大阪で募金活動をしたモン。今思えば、これがボクの原点かもしれないモン。サプライズとハッピーを届けるのがボクのお仕事だモン。そのあと「元気を届けるプロジェクト」が立ち上がって、全都道府県に行ったモン。ボク、みなさんの

笑顔を見るのがほんとうに好きだって思ったモン。だから笑顔になってほしくて、いつでもどこでもぜんりょくとうきゅうしてきたモン。

2016年には熊本地震、2020年には人吉・球磨の豪雨災害があったモン。大変なことがたいぎゃあったけど、全国のみなさんがいつでも励ましてくれたモン。ボクも、日本のあちこちで地震や水害があるたび、どうかおさまってほしかモン、被害がひろがらないでほしかモンって祈ってるモン。

かなしくてつらくて、どうしたらいいかわからないときもあったモン。でも、そんなときは「ボクに何ができるんだろう」って考えるようになったモン。できるしこで（できる範囲で）、がんばっていくことが大事だなって思うモン。がんばれない人もいるモン。だからみんなでがんばるモン。

どこかで何かがあるたびに離れていても心はひとつってボク、思うモン。そうやって15年間、やってきたモン。もちろん、みなさんの応援があったからがんばれたモン。みなさんの笑顔がボクのエネルギー源だモン。それでボクががんばると、またみなさんが笑顔になってくれるモン。

エッセイなんて書いたことないから、ボクには無理かモンって思ったけど、「くまモン、ちょうせんすることが大事だよ」ってくまモン隊のみんなも励ましてくれたから、みんなの力を借りて書き始めたモン。

ボクの15年間のこと、熊本のこと、たくさんお伝えしたかモン。ボクに会うことがあったら、「くまモン！」って元気に呼んでほしかモン！ そしていつか熊本にも遊びにきてほしかモン。ボク、ずっと待ってるモン。

くまモンは2021年から主婦と生活社のfumufumu newsでエッセイを連載していました。
今回は新たな書き下ろしエッセイ集です。

目次

まえがき ……………………………… 2

くまモンって、どんな子？ ……………… 6

第1章　15年を振り返って、今思うこと …… 7

- 01　大阪修業時代 …………………………… 8
- 02　全国デビューの日、そして…… ………… 12
- 03　ゆるキャラ®グランプリの思い出 ……… 14
- 04　くまモンスクエア ボクの「拠点」ができた日 … 18
- 05　「皿を割れ」精神、大事にしてるモン …… 22
- 06　フランスとボク ………………………… 26
- 07　熊本地震 ………………………………… 30
- 08　誕生祭の思い出 ………………………… 34
- 09　真のイケメソとは ……………………… 38
- 10　「みんなサンくま」プロジェクト ～人吉・球磨は元気だモン♪～ … 42
- 11　くまもとのうまかもん りょうり男子だモン … 46
- 12　ボクのいろんなポーズ、見てほしかモン … 50
- 13　イケメソのボクの身だしなみ …………… 54
- 14　復興支援、ずっとずっと寄り添いたかモン … 58
- 15　蒲島郁夫・前熊本県知事×くまモン …… 62

執筆中のくまモンをこっそりのぞいてみたら…… … 68

4

第2章 ボクがいるところ …… 69

- くまモンスクエア（市内繁華街）…… 70
- くまモンビレッジ（サクラマチ クマモト）…… 72
- くまモンエアポート（熊本空港）…… 74
- くまモンステーション（アミュプラザくまもと）…… 76
- くまモンポート八代（八代港）…… 78
- くまモンベース（肥後大津駅）…… 80

オフショット …… 82

第3章 ボクの「しゃかいか見学」「ちゃれんじ」 …… 83

- しゃかいか見学1　熊本城 …… 84
- しゃかいか見学2　通潤橋 …… 88
- しゃかいか見学3　熊本地震震災ミュージアムKIOKU …… 90
- ちゃれんじ1　ピザ作り（くまモンファーム芦北・わらく農園）…… 94
- ちゃれんじ2　花手箱 絵付け（くまモンタウン人吉）…… 98
- ちゃれんじ3　そば打ち（くまモンファーム南阿蘇）…… 100
- ちゃれんじ4　スケボー …… 104

くまモン年表 …… 106

あとがき …… 110

くまモンって、どんな子?

誕生日	3月12日(九州新幹線全線開業の日)。年齢はヒミツ
居住地	熊本県
属性	「熊」ではなく、「くまモン」という生き物
性格	やんちゃで好奇心いっぱいな男の子
賞罰	2011年11月の「ゆるキャラ®グランプリ2011」で優勝
肩書	熊本県営業部長兼しあわせ部長
仕事内容	サプライズとハッピーを伝えること
特技	ダンス　人のハートを奪うこと
エピソード	スマホの画面が押せたり、押せなかったり……50m走は10秒ほどといわれている。食べすぎると遅くなる日も……

第1章

15年を振り返って、今思うこと

01 大阪修業時代

くまモンは2011年の九州新幹線全線開通のための熊本PRキャラクターとして、前年2010年3月にデビュー。その年の7月にくまモン隊が結成され、本格的に活動を始めた。
関西圏から新幹線で熊本に来てもらえるよう、当時の蒲島郁夫・熊本県知事から大阪で宣伝活動をするよう命じられる。

　大阪で宣伝活動ばしなさいって知事から言われて、ボクの名刺を1万枚ドンと渡された日のこと、よく覚えとるモン。

　よくわからないままに大阪に行ったら、大きな街でびっくましたモン。みんな忙しそうに走っているみたいに歩いてるし、どこで名刺を配ればいいのかわからんかったモン。地下街っていうのも初めて見たモン。どうして外を歩かないで、みんなが地下にいるのか意味がわからんかったモン。名刺を出しても、誰も受け取ってくれんけん、途方に暮れたモン。

　「いちまんまい」の名刺は、いくら配っても減らなかったモン。大阪は広かけん、足が棒みたいになって、もう歩けない、そのうち眠くなってどっかで寝てしもたモン。

　そのころ、蒲島知事が「大阪出張中のくまモンくんが行方不明になりました」って緊急記者会見をやっていたなんて、全然

知らなかったモン。　名刺配りに嫌気がさして逃げたっていううわさがあるけど、ボク、ちょっと眠かっただけだモン。逃げてないモン！　でもちょっとサボりたかったモン。わかってほしかモン……。

　大好きな知事に、そんな記者会見までさせたと知って、もうしわけ

大阪での"神出鬼没大作戦"

なかって思ったから、また大阪の街に出て必死に名刺を配ったモン。毎日名刺配りをしていたら、少しずつ受け取ってくれる人も出てきて、「あの黒い子はだれやねん？」という声も聞こえてきたモン。「くまモンだモン」って伝えたばってん、「おもろいからツイッター（現Ｘ）に載っけよう」って写真撮られたりして、ちょっと恥ずかしかったけど気持ちよかったモン。

　毎日がんばっていたら、ツイッターで少しずつ知ってもらえたみたいで、わざわざ「くまモンだ」って近寄ってきてくれる人もいたモン。あくしゅしたら、「くまモンって、モフモフだぁ」って喜んでもらえて、その笑顔を見たとき、「これって、やりがいっていうもんかモン？」ってうれしかったモン。

　　　　　　　　　　　　　大阪の新世界で、「くしたん」と知り合ったモン。くしたんが「よろしうお願いしますぅ」って言うから、ボクも「こちらこそ、よろしくま」っ

くまモン名刺（第1弾）

て答えたら、すぐに仲よくなったモン。あ、こうやって仲よくなれるんだってわかったから、それからはボクも誰かに会ったら、すぐ「よろしくま」って言うようにしたモン。

　くしたんは大阪のことをいろいろ教えてくれて、たこ焼きやお好み焼きも一緒に食べたモン。「粉モン」がおいしいっていうから、モンつながりで親近感がわいたモン。くしたんは、「なんたって串揚げですやん」って、串揚げ屋さんに連れていってくれたモン。ソースの「二度漬け禁止」を初めて見てわらたモン。あのソースの香り、今も忘れられんモン。大阪人は「本音しかいわへんで」って言われて、ボクもそのほうがつきあいやすか〜って思ったモン。

　その後、大阪とはずっといいご縁が続いてるモン。吉本新喜劇にも何度も出ているのを知ってるかモン？　ズッコケや「なん

大阪でのイベント　今では考えられないくらい人が少ない

大阪梅田の地下街で　誰も振り向かない

　でやねん」の稽古もたくさんしたからボク、ボケもツッコミも得意だモン。「なんでやねん」はやりすぎて、右腕が伸びてしもたモン。

　2022年にカジサックさんと大阪のファン感謝祭で漫才したとき、「くまモン、上手だよ。じゅうぶん、やっていけるよ」ってお墨付きばもらったモン。23年に大阪のくまモン隊のおねえさんとコンビを組んでM-1グランプリに出たばってん、二回戦で敗退したのはたいぎゃ悔しかったモン。またちょうせんして、いつかグランプリをとるのが大阪への恩返しになると信じてるモン。

雨の中でも立ち続ける

02 全国デビューの日、そして……

2011年3月11日、九州新幹線全線開通の日を翌日に控え、くまモンは熊本駅からテレビの生中継に出るはずだった。そこへ東日本大震災が起こったことを知らされる。

　どんなふうにテレビに映るのかなってどきどき、わくわくましながらスタンバイしていたモン。そしたら、緊急地震速報が流れて、東北で地震だって情報が入ってきたモン。熊本は揺れたかどうかわからんかったモン。テレビのスタッフさんたちがいきなりあちこちに走っていったり電話したり、何がなんだかわからない状況になったモン。とにかく大きな地震だから、生中継は中止って言われて。もちろん翌日のセレモニーも中止になったモン。大人はみんな、きんちょうした顔で走り回って、大騒ぎになっていたモン。

　ボクもあとからテレビを見たモン。あんな大きな地震が起こって津波が来て、たくさんの人が被害にあって……。こわくてかなしくて震えてしもたモン。ほんとうはテレビに出て華々しく全国デビューを飾るはずだったけど、それどころじゃなかモンって思ったモン。

大阪での募金活動

ボクは九州新幹線のためにお仕事をしていたから、これから
どうしたらいいんだろう、でもボクには何もできないんだって、ち
ょっと落ち込んでしもたモン。何かしたい、何ができるんだろう
って考えていたら、知事が「くまモン、大阪で募金活動をしたら
どうかな」ってアドバイスくまさったモン。

　ボクにできることがあるってわかったモン。地震から2週間後、
大阪でくしたんたちと一緒に募金箱をもって活動したモン。どう
しても東北の人たちのために何かしたいって思っていたから、
活動できてホッとしたモン。地震から4ヶ月後の7月に知事と一
緒に宮城県の南三陸町と東松島市へ訪問させてもろたモン。海
に向かって頭を下げたモン。たくさんの方たちが被害にあったこ
とを考えると、胸のあたりが痛くてたまらんかったモン。

　小さなおともだちのいる保育園や幼稚園に行くと、みんなが集
まってくれたけど、なかなか笑顔にはなれないみたいに見えた
モン。もっとボクにできることはないのかなって考え続けながら、
"がんばろう東北"のバッジば胸につけて仕事しとったモン。

　あれから東北には何度も行ってるモン。同じ保育園や幼稚園
で、みんなの笑顔が少しずつ増えていくのがわかって、これか
らも一緒にがんばろうねってハグばたくさんしたモン。みんなから
「また来てくれてありがとう」と言われると、ボクのほうが元気を
もらうモン。「離れていても心はひとつ」だとしみじみ思うモン。

　「ありがとう」ってほんとにいい言葉だモン。これを読んでくま
さっているみなさんに、ボクからも一言だモン。いつも、ありが
とまと〜〜🍅

13

03

ゆるキャラ®
グランプリの思い出

臨時職員としてデビューしたくまモン、2010年10月には「くまもとサプライズ特命全権大使」となり、翌年の九州新幹線全線開通後も、無事に首がつながり（!）、9月に熊本県営業部長に就任。知事、副知事に次ぐ3番目の地位となった。そして11月に「ゆるキャラ®グランプリ2011」で優勝した。

　2011年のゆるキャラ®グランプリにエントリーばしたって聞いたとき、最初はピンとこなかったモン。ボクはボクだから、このままでよかモンって思ったけど、街を歩くと「くまモン、がんばってね」「グランプリ、とってね」と言われて、少しずつ「よーし、エイエイモーン」という気にはなっていったモン。でも日が近づくにつれ、だんだん不安が大きくなっていったモン。

　会場のステージに立ったときは、さすがにきんちょうしたモン。熊本で小さいおともだちに怖がられて泣かれたこととか、逆にくまモンかわいいって言ってくれるおともだちのこととか、大阪でだれにも振り向いてもらえんかったばってん、ツイッターで話題にな

ったらわざわざ来てくれた人がいたこととか、たくさんのことが思い出されて胸がいっぱいになったモン。
「グランプリは……熊本県営業部長くまモンです!」
　名前を呼ばれたとき、うわあああって思ったモン。横を見たら、いつも一緒に活動しているくまモン隊のおねえさんがいきなり号泣してたから、ボク、どうしようとちょっと困ってしもたモン。ボクも一緒に泣きそうだったモン。でもとりあえず、ここは気合いば入れるしかなかと思って背中をバチンと一叩きしたら、おねえさんがいっしゅん、シャキッとなったけど、やっぱり泣きながら挨拶ばしてたモン。おねえさんが賞状を持って、ボクがずしりと重いトロフィーをもらって、それでもまだ、ほんとうに実感があった

ゆるキャラ®グランプリ優勝

わけじゃなくて、なんだかとまどう気持ちのほうが強かったモン。

そのあとテレビに生出演したりもしたけど、ボク、興奮しちゃって、何がなんだかわからなくて、そのときのことはよく覚えとらんモン。県庁職員たちの間では、「くまモンが東京のスタジオで大暴れしてる」って騒ぎになったらしかモン。

熊本に戻って県庁に「がいせん（凱旋）」したら、ロビーに

熊本にて

人がいっぱい集まっとらして、たいぎゃびっくましたモン。くまモンおめでとうっていう垂れ幕があって、腕いっぱいの花束をもらって。お花のいい香りがしてきて、また興奮してしもたモン。今までボクを応援してくれた人たちの顔が、みーんな大輪の花みたいに咲き誇って見えたモン。知事までお出迎えしてくれたモン。

　あのとき思ったモン。ボク、ふるさと熊本が大好き。熊本の人たちが大好きって。知事が「熊本のためには何でもする」ってよく言っとらしたけど、ボクも同じ気持ちだって感じたモン。あの日からしばらくの間、どこへ行っても「くまモン、グランプリおめでとう」って言われて、ずっとニヤニヤが止まらんかったモン。

大阪にて

17

04

くまモンスクエア ボクの「拠点」が できた日

「熊本に行ってもくまモンに会えない」。そんな来熊者の声を聞き、繁華街のど真ん中に「くまモンスクエア」ができたのは、2013年7月24日。ほぼ毎日のようにくまモンのステージが繰り広げられ、2025年1月時点で来場者は350万人を超えている。
2023年には10周年を迎え、大幅なリニューアルを施して再オープンした。

「くまモンの拠点を作ろうと思うんだけど」

　仲間の県庁職員にそう言われたとき、「きょてんって何かモン?」と尋ねてしもたモン。

「くまモンの居場所……かな」

「居場所はここじゃなかかモン?」

"営業部長　くまモン"の札がある机を見ながら不思議に思ったモン。

「違う違う、ほら、全国からくまモンに会いに来てくれる人がたくさんいるでしょ。その人たちに会える場所……」

　ばっ! そういう場所ならほしかモン、ほしかモン、絶対ほしかモン。

　というわけで、くまモンスクエアができたモン。ステージや「部

「ハピバ！くまモン」旧くまモンスクエアにて

現くまモンスクエアにて

長室」があって、ボクの居場所だなって実感したモン。オープンの日のことは今でも覚えてるモン。テレビ局がたいぎゃ来とらしたけんボク、わくわくまが止まらなかったモン。

　知事と「かんけいしゃ」っていう人たちとみんなでテープカットばして、知事が「くまモン、ちゃんと切れた?」ってやさしく言ってくまさったモン。

　その後、テレビの生中継があったモン。
「このあと、部長室を紹介しまーす」

　と言われて、今すぐかと思って、全力で走ったら部長室のドアに激突、倒れたところでCMに入ったのは、今思っても、つうこんのきわみだモン。

　あれから12年。お正月の書き初めに始まって、節分、七夕、ハロウィン、クリスマスなど、季節の行事はいつもここでみなさんと過ごしてきたモン。ボクがいつでもひとりじゃないって思える場所だモン。

　スクエアは2023年春、工事に入って7月に10周年リニューアルオープンしたモン。新しいスクエアも、ボク、大好き。どこからでもボクのパフォーマンスが見えるし、今までの思い出のグッズも置い

旧くまモンスクエア

旧くまモンスクエア部長室

　てあるし、カフェもますますおいしいものが増えたモン。スクエアに行くたびにおねだりして、ときどきスタッフさんが根負けしてくれるのがうれしかモン。グッズは、スクエアでしかゲットできないものばかりらしかモン。グッズより、ボクのほうがむしゃんよか（かっこいいという意味の熊本弁）と思うモン……。

　ここで今まで350万人の人たちに会ったと聞いて、びっくまだモン。たくさんの人とハイタッチしたり、むぎゅかぷってハグしたり。ボクからみなさんにたくさん質問もしたモン。どこから来たの？　飛行機で？　新幹線で？　泳いで来たの？　みなさんの温かさが伝わってくるから、「ふれあい」が大好きだモン。

　ときどき、ボクにびっくましたのか、なかなか泣きやまない赤ちゃんがいるけど、ボク、全力であやすモン。目と目が合って何かが通じ合ったと思うしゅんかんがあるモン。それで笑ってくれると、ボクもうれしくて全身で笑いたくなるモン。

　スクエアに登場するときは入り口前で、今日も全力でやるぞって気合い入れるモン。今日はイマイチやる気がでないなと思ったこと？　誓って言うけど、今までそんなこと1回もなかモン！！

05

「皿を割れ」精神、大事にしてるモン

在任期間16年のうち14年をくまモンとともに過ごした上司であり、最強のバディである蒲島郁夫・熊本県前知事は、就任直後から職員に「皿を割れ」と言いつづけた。皿をたくさん洗う人は割ることもある。皿を洗わずに割らないことを重視するより、どんどんチャレンジしていきなさいという意味だ。それをもっとも忠実に守っているのがくまモンかもしれないと前知事は述べている。海外でのダンスステージやレシピ本の執筆、時にはバンジージャンプに挑戦したり、テレビ生中継の間に温泉に入ってしまったり。さまざまなことに挑戦していく中で、伝説になっている「いたずら」や「やらかし」もある。

　最初は「皿を割れ」ってよくわからんかったけど、ボクは好奇心が旺盛だモン。気になるものや場所があると、すぐ足も気持ちも向いてしまうモン。

　2012年8月、五木村で当時、日本一高い77メートルのバンジージャンプにちょうせんしたときも、どうする、やってみるって聞かれて、もちろんだモンって即答したモン。

「くまモンにできるかなあ」

　なんて言われたから、急にメラメラとチャレンジ魂がわいたモン。

　上まで登ったとき、「しまった」って思ったばってん遅かったモン……。ボクは男の子だけん、「待った」とは言えないモン。い

バンジージャンプ

23

誕生祭でシャボン玉に挑戦

けるかと聞かれて、よゆうかまして親指立ててしもたモン。ちょっとクラクラしたけど、エイヤっていくしかなかったモン。どうせならかっこよく見えたほうがよかけん、せーので勢いよく飛んだら、なんだか気持ちよかったモン。これなら宇宙までいけそうだと思ったモン。

　あのときボク、やりたいと思ったら、やってみなくちゃって思ったモン。下から見ているときと、自分で飛んでみたときとは、景色がまったく違って見えたから。これからも皿を割ろうと思ったできごとだったモン。

　温泉に入っちゃった件？そんなことあったかモン？

ハーバード大学にて
ヒト以外が教壇に立つのは史上初

あれはタブーじゃなかかモン？　ここだけのナイショの話だけど、あれも2012年のこと。大好きな山鹿温泉の「さくら湯」がリニューアルオープンするっていうから、いそいそと出かけたモン。

いつも一緒にテレビ中継している仲間のおがっち（緒方由美さん）が、温泉に入るっていうから、いいなあ、羨ましかあって思ってたモン。おがっちが着替えに行っている間、そこにあった桶を使ってかけ湯したら、あまりにも気持ちがよくて……。おがっちが戻ってきて温泉に入ったとき、ついボクも入ってしもたモン。

みんなびっくましてたけど、ボクの指先から滴るとろとろのお湯で、素敵な温泉だってわかってもらえたんじゃなかかモン？　そう、ボクは温泉の質をひょうげんするために、あえて入ってみたんだモン（自分が入りたかっただけでしょーってくまモン隊にツッコまれたのはナイショだモン）。湯あたりして足元ふらふら、その後の天気予報がグダグダになってしまったのもナイショにしておいてほしかモン。

ボクが温泉に入って知事に叱られたと話題になっていたけど、ボク、全然叱られてないモン。あの後、知事にお会いしたら「くまモン……」ってニヤッとしとらしたけん、ボクもニヤッとしたモン。それだけでわかりあえたモン。

06

フランスとボク

くまモンが初めてフランスに行ったのは2013年。パリで開催された「ジャパン・エキスポ」に登場するためだ。それ以来、コロナ禍を除いて毎年、参加している。フランスとの縁は深まり、2017年度にはフランス観光親善大使も務めた。

今でこそ「フランスといえばくまモン」ってだれもが思うけど（！）、最初にフランスに行ったときは、ドキがムネムネするほどきんちょうしたモン。

パリに着いたら、みんなが「モンジュール」って言うから、ボクのことを知っているのかと思ったモン。モンパルナスとかモンサンミッシェルとか、フランスはもともと「モン」が多用されてるモン。ボクの前世はフランスの王子さまかモン？

パリの街は、建物がきれいで、ボクのイケメソ（≒イケメン）ぶりも上がったモン。朝はカフェに行って、カフェオレとクロワッサンを注文したけど、「シル・ヴ・プレ」って言おうとして、舌がもつれて言えなかったのは誰にも気づかれてなかモン。

あのころはあんまりボクのことを知ってる人がいなかったから、街をたくさん歩いてPRしたモン。大阪修業時代を思い出して、あの時代があったから今があるってしみじみ思ったモン。PRのかいがあって、ジャパン・エキスポのステージでくまモン体操ば踊ったときは、みんなボクのモンバイザー（サンバイザー）ばつ

パリでのジャパンエキスポ

けてくれて一緒に踊ってくれたモン。

　現地のいろいろな会社とコラボもしてきたモン。バカラがボクの顔のついたグラスを作ってくれたり、ル・クルーゼの工場に行ってミルクパンを作ってもらう交渉をしたり、ロクシタンと仲よくなってハンドクリームを作ってもろたり。いろんな会社の人が、素敵な商品を作ってくれたモン。みなさん、お世話になりましただモン。

エッフェル塔とともに

フランス観光親善大使就任

フランスの海岸で大ジャンピンぐまー

フランスで生牡蠣を食す

　エッフェル塔に凱旋門、世界的に有名な場所をバックに、たくさん写真を撮ったけど、ボクってどこにいても絵になるかモン？　パリジャンとしてやっていけるような気がするモン。

　パリだけじゃなくて、フランスのいろいろな地域にも行ったモン。トゥールーズの街で、チーズ屋さんに行ったとき、地下の貯蔵庫に案内してもろて、おいしいチーズの香りをかいだことも忘れられんモン。配達を頼まれて、チーズとバゲットをかごに入れ、自転車で街なかを疾走したのはおもしろかったモン。街のみなさんが、びっくましながらもとびきりの笑顔を向けてくれたモン。

　日本でもフランスでも、どこに行っても、おもしろそうな人や場所を見つけると、ボク、すぐ近寄って行ってしまうモン。どういう人なんだろう、どういうものなんだろうって気になってしかたがなか。見てみないとわからんけん、自分の目で見ることが大事だと思うモン。なんかすごくいいこと言ってる気がするモン。

　そうそう、夕暮れ時、セーヌ川のほとりでパリの街を眺めたことがあるモン。たいぎゃきれいで目を奪われたけど、ふっと熊本はどっちの方角かなってきょろきょろしてしもたモン。ボクはやっぱり熊本モンなんだモン。

自転車で疾走

29

07 熊本地震

2011年の東日本大震災後、くまモンは何度も被災地に足を運び、人々に「元気」を届け続けた。だが2016年4月14日、熊本が震度7の大地震に見舞われる。その28時間後、再び震度7の地震が起こり、こちらが本震とされた。4700回以上という余震数からも未曾有の大災害だったことがわかる。くまモン自身も「被災者」となった。

あの日のことは一生、忘れないモン。

揺れたモン、怖かったモン。揺れ続けたモン。

翌々日の夜中にまたとんでもなく大きく揺れたモン。大好きな熊本がどうにかなってしまう、どうなるんだろう、くまモン隊のみんなは大丈夫かな、小さなおともだちも大きなおともだちも、みんな大丈夫だったかな、どうしたらいいのかモン……。あちこち崩れた熊本城を見たとき、ボク、心がもぎとられたような気持ちになったモン。

その後、ボクも活動できなくなったモン。ボクの使命はサプライズとハッピーを届けることなのに、そんな状況じ

西原村の保育園訪問

ゃなかって思ったモン。SNSもストップしたモン。

　でも時間がたつにつれて、「くまモンはどうしてるの?」「くまモン、大丈夫?」という声がSNSに寄せられるようになったモン。ボクは大丈夫だモンって言いたいけど、言う場所がなかったモン。全国から県庁にお手紙もいただいたモン。そのうち、SNSに有名な漫画家の先生たちがボクの絵を載せてくれるようになったモン。その絵に「くまモン頑張れ絵」というハッシュタグがついて、どんどん拡散されていったモン。ボク、こみあげてくるものがあったけど、ただじっと見ていたモン。

　みんながこんなに応援してくれているのに、このままでいいのかなってずっと考えていたモン。ボクにできることは何だろう、ボクは何をしたらいいのかモン……。

　ゴールデンウィークに入ったころ、もうじき「こどもの日」が来るって気づいたモン。いつもならたくさんの小さなおともだちと一緒に楽しい時間を過ごしていたのに今年はどうなるのかモン……。

熊本地震後、当時の蒲島郁夫知事と力を合わせて

そうだ、こどもの日におともだちに会いに行くモン。そう思って知事に直談判したモン。知事はボクの話を聞いてくれたけど、たいぎゃ悩んでおらしたモン。でもボクは行くって決めたモン。皿を割るんだモン！

5月5日、避難所にもなっている西原村の保育園に行ったモン。みんなの前に出る直前は、きんちょうで胸がバクバクしたモン。くまモン隊全員、せいぞろいしてドキドキしてたモン。本当に出ていっていいのかなってちょっとだけ思ったけど、ボクは小さなおともだちと会うって決めたモンって覚悟を決めて、飛び出したモン。

「わあ、くまモン」

小さなおともだちがたくさん集まって待っててくれたモン。みんながボクに抱きついてきたモン。おともだちの手や体があったかくて、目の前がかすんで見えなくなったモン。ボクも力いっぱいみんなとハグしたりハイタッチしたり走り回ったりしたモン。小さなおともだちの元気な声を久しぶりに聞けて、うれしいのかかなしいのかよくわからんかったモン。その後ろをふっと見たら、おとうさんやおかあさんが笑顔になっていたモン。さらにその後ろには、おばあちゃんたちが椅子に座っとらしたけん、そっちに向かって走っていったモン。こわかったね、一緒にがんばろうねって、ひとりひとりとハグしてたら、おばあちゃんたちに拝まれてしもたモン。こんなにみんなの笑顔が心にしみたことはなかったモン。

あの日から、ボクの気持ちは、それまでとは少し変わったモン。

東京でも感謝を伝えたモン

08 誕生祭の思い出

くまモンの誕生日は3月12日。初めて誕生日をお祝いするイベントは2012年3月12日に県庁ロビーでおこなわれ、2日間で4万人以上が集まった。翌年から熊本市の中心市街地で「くまモン誕生祭」として開催されるようになり、毎年、全国からファンが駆けつけている。

　誕生祭も回を重ねるごとに、ステージもだんだん凝るようになったモン。くまモン隊のみんなと「こういうダンスメドレーをしよう」とか「おともだちのキャラさんと運動会をしよう」とか、何度も何度も話し合って、毎年、練りに練ってきたモン。

　たいぎゃ記憶に残っているのは2017年。16年の誕生祭から1ヶ月後に熊本地震が起こったから、翌年は東北のおともだちにも集まってもろて、東北×熊本で復興の願いを込めたモン。会場に来てくまさったみなさんと一緒に、ニチニチソウ（日々草）の種を運ぶたくさんの風船を飛ばしたモン。数え切れないほどの色とりどりの風船が真っ青なお空にとんでいく様子は、今も忘れないモン。たっくさんの願いを込めたモン。会場の気持ちがひとつになっていたのがわかったモン。

　みなさんから、「くまモン、がんばって」とたくさんの声をいただいたモ

2012年、県庁での誕生日会

2017年の誕生祭

ン。くまモン隊のみんなも大変だったことを思い出して泣いたり、励ましてもろてうれしくて泣いたり、大忙しだったモン。復興を目指して、これからもボク、ぜんしんぜんれいでがんばるってあのとき心に誓ったモン。

　くまモン誕生祭の「目玉企画」に"モンコレ"と呼ばれているファッションショーがあるモン。よく「どの衣装がいちばん好き?」って聞かれるけど、たくさんありすぎて選べないモーン！　衣装や小物は100点以上あるモン。いろんな方がボクのために作ってくれたモン！　みんな気持ちがこもっているから、どれも大好き

ダンディーなツイードスーツ

だモン。

　くまモン隊のみんなと一緒にデザインから考えた、おそろいの衣装もあるモン！ 2018年のツイードスーツ、2019年の和太鼓の衣装、そして2020年の10周年特別衣装……ここはこうしたほうがかっこいいよって話し合いながらデザインしたモン。ぜんぶに思い出があって、ボク、ほんとうに幸せモンだなって思うモン⭐　そういえば赤ふん披露っていうのもあったモン。ちょっと恥ずかしかったけど、「オトコは赤ふんだよ」ってくまモン隊のみんなに乗せられてしもたモン。

　そうそう、2019年のくまモン隊の和太鼓演奏のこと。今でも

話題になった和太鼓演奏

デビュー10周年の特別衣装

みなさんが「すごかったね」と話題にして
くれることがあるモン。本当は大変だった
モン……。はじめは、バチを持つ手が
すべってしもて、太鼓の音を出すこと
もむずかしかったモン。手にマメがたくさん
できたり、皮がむけたりしたモン。モフモフが荒れ荒
れだったモン。全国的に有名な熊本市立必由館高校和太鼓部
のみなさんに教えてもろて、だんだんとコツがわかってきたモン！
太鼓を打つときの基本の構えや、みんなで音をそろえること
……ボクもくまモン隊のみんなも、たいぎゃ練習したモン。

　本番は、みんなの気持ちがひとつになったのがわかったモン。
最高のパフォーマンスができたモン！　蒲島知事からも「みんな、
よくがんばったね」ってほめてもらえて、むずかしかったからこそ、
達成感も大きいんだってよくわかったモン！　これからも、もっと
もっといろんなことにチャレンジしていきたいって思ったモーン！

　でも、誕生祭の中でボクがいちばん楽しみにしているのは
……わかるかモン？　参加してくまさったみなさんとのふれあい
だモン。ステージ後のハイタッチは、ボクにとって、とても大切
な時間だモン！　来てくまさってありがとうって、お一人お一人
に感謝の気持ちを込めてハイタッチしてるモン★　みなさんが笑
ってくまさると、ボク、もっともっと笑顔が見たい、がんばるモン
って自然と思えてくるモン。

　これからも誕生祭は大事にしていくモン。まだ来てない人は、
いつか来てはいよ〜。待ってるモン！

37

09 真のイケメソとは

2022年春、雑誌を見ていたくまモンの目に、「第35回ジュノン・スーパーボーイ・コンテスト応募受付」という文字が飛び込んできた。これは応募するしかないと早速エントリー。ここからくまモンの「負けられない戦い」が始まった。

　ボク、「イケメソ」（≒イケメン）だから、これはボクのためのコンテストだって信じたモン。エントリーシートば書き込んで書類審査の結果を待っている間、さらなるイケメンを目指して、筋トレ、小顔ローラー、美肌になるパックなどを駆使して、せいいっぱい努力したモン。そのかいあって、どんどん筋肉がついて小顔になって、かえってバランスが悪くなったかもと心配したモン。

　応募はなんと1万5000人以上。書類審査に通るのは1000人。無事に通ったときはホッとしたモン。それから今度は東京で2次審査。蒲島知事から「くまモンの実力ならファイナルに行って当然だからね。がんばってね」って送り出されたモン。プレッシャーがかかればかかるほど楽しむのがボクだモン。でも、本番で審査員がずらりと並んでいるのを見て、ひざがガクガクってしたのはナイショだモン。

　キレッキレなくまモン体操ば踊って、超高速で腹筋ローラーを使ってみせて、審査員さんに投げキッスばたくさんしたモン。全部やりきったらお腹がすいたモン。その日のうちにベスト150に

選ばれて、これでハリウッド俳優の道が開けたのかな、いや、パリコレのモデルのほうがいいかなっていろいろ考えたモン。

筋トレにも余念がない

　そのあとさらにベスト75まで進んで、ライバーとして生配信したり、シックスパックをもっとくっきりさせるために時間を惜しんで筋トレしたり。応援してくまさったみなさんには感謝してたモン。「くまモン、がんばってね」「投票もしてるよ」ってみんなに言われて、ボクももっと高みを目指そうって思ってたモン。

エントリーシートの写真

審査員の前で超高速腹筋ローラーを披露

だけどいざベスト30への道が始まったとき、ふと考えてしもたモン。このまま突っ走っていいのかなって。一緒にちょうせんしている男の子たちが、ものすごくがんばっているのを見ていたら、だんだん、みんなを応援したい気持ちが強くなっていったモン。ちょうせんしている期間はとっても楽しかったし、てっぺん目指すつもりだったから、ものすごく悩んだモン。応援してもらううれしさにも、あらためて気づいたし。うーん、うーんって毎日うなってたモン。どうするのがボクらしいのかな……。ボクのやくわりって、みんなを応援してサプライズとハッピーをお届けすることじゃなかったかなって、自モン自答したモン。

　そうだ、応援しようって決めたら、気持ちがすっきりしたモン。コンテストの主催の方たちにそう伝えたら、「わかりました。くまモンは応援大使になってください」って言ってくまさったモン。応援大使と

してベスト30の披露会に駆けつけて、みんなの顔を見たら、やっぱり応援に回ってよかったなって思ったモン。

あれから「真のイケメソ」って何だろうって考えてるモン。うーん、いまだに答えは出ないけど、ボクがイケメソであることだけは確かだモン。

ベスト150から75まで進んだ

10 「みんなサンくま」 プロジェクト〜人吉・ 球磨は元気だモン♪〜

2020年夏、球磨川が氾濫し、人吉・球磨地域が大きな害を被った「令和2年豪雨災害」が起こった。100年に1度と言われるほどの災害だった。心を痛めたくまモンは、21年の夏に向けて大プロジェクトを立ち上げた。名づけて、"くまモンプロデュース「みんなサンくま」プロジェクト〜人吉・球磨は元気だモン♪〜"。
21年7月22日から25日まで、人吉を舞台に繰り広げられた大イベントは、街のあちこちでのステージパフォーマンス、人吉出身の作曲家・犬童球渓さんの『旅愁』SP版を蓄音機で聴く会、そしてJR人吉駅のプラットフォームを使ったミュージックフェスなどがおこなわれた。

　あの夏を思うと、今でも心が痛くなって震えるモン。

　毎日、ボクに何ができるだろうって考え続けたモン。大好きな人吉・球磨地域に何度も足を運んで、大好きな鰻屋さんが泥だらけになっているのを見て、思わず泥落としを手伝ったモン。雑巾で拭いても拭いても泥が落ちなくて、毎日、こんな大変な思いをして後片付けをしてるってよくわかったモン。

　それでも球磨川は、いつものように悠々と流れていて、あんなに氾濫したとは思えなかったモン。街のみなさんも「球磨川が悪いわけじゃなか」って言ってたモン。ボクも大好きな球磨川だからこそ、なんだかつらかったモン。

蓄音機から流れる音に耳を傾ける

電車が止まっているから、駅前にはだれもいなかったモン。お店もみんな閉まってたモン。それまでイベントで何度も来ているから、人がたくさんいる駅前を思い出してせつなくなってしもたモン。大好きな人吉のために何かしたいって心から思ったモン。

くまモン隊や周りのみんなに相談したモン。ドンドンって机を叩いて熱く語って、みんなでああしようこうしようって話しあって、ボクがプロデュースするイベントが始まったモン。中身はもりだくさんだったモン。

ボクのステージパフォーマンスは、球磨川下りなどの発着場『HASSENBA HITOYOSHI KUMAGAWA』や、人吉復興コンテナマルシェなどでやったモン。HASSENBAでトゥクトゥクに乗って登場したら、大歓声が上がったモン。なんだか楽しくなってしもて、トゥクトゥクから降りるの忘れそうになったモン。

トゥクトゥクにはまってしまう

素敵な木のホールで、犬童球渓さんの『旅愁』を「ちくおんき」ではじめち聞いたときは、びっくましたモン。音があったかくて、心がほんわかしてきて、思わずまぶたが重たくなったモン。たいぎゃ気持ちよかったモン。たくさんのおともだちと一緒に聴けたことは忘れられないモン。

　スマホが使えなくなるくらい気温の高い4日間だったけど、ボクの心はもっと燃えていたモン。

　最終日は、人吉駅のホームを利用してのミュージックフェスティバルだモン。この日のために、ボク、ドラムを練習して、地元の中学生のみなさんと演奏を披露したモン。ホームのすぐ後ろは「サギ山」と言われていて、濃い緑の木々が揺れて、キキキキって鷺さんの声がすごかったモン。

コンテナマルシェでのステージ

さまざまな打楽器にもチャレンジ→

ドラム演奏で大歓声をあびた

　きんちょうしたけど、あんなに練習したから大丈夫って自分に言い聞かせて、最初にスティックを振り下ろしたしゅんかん、なにもかも忘れて夢中になったモン。「くまモン、すごい」っていう声が聞こえて、あとはもう、ノリノリで叩きまくったモン。隣で演奏しているおともだちの顔を見たら、たいぎゃ楽しそうだったから、ボクも気持ちが高ぶって、あとはもう、わけがわからんかったモン。鷺さんも聴いてくれたかモン？

　駅前では、おいしいアイスや鮎の塩焼きなど、いろんな地元の食べ物が売られていて、みんな並んで買ってたモン。ボクも大好きな鮎を食べたモ〜ン。

　この大きなお祭りが終わったとき、JR人吉の駅長さんが、「駅はやっぱり人が集まってこそ駅ですね」ってつぶやいとらしたモン。ボクもうなずいたけど、胸がじーんとしてしもたモン。

11 くまもとのうまかもん りょうり男子だモン

「熊本のよかとこ、うまかもんを全国にお伝えする」のは、くまモンにとって重要な仕事のひとつ。観光名所や温泉が豊富な熊本。海と山に囲まれ、さらに水がとびきりきれいなので、米も魚も肉も野菜も極上の味である。そんな場所で育ったくまモンは、くまもとのうまかもんが大好き。食べ物のことばかり考えていることもあるようだ。

熊本は阿蘇や熊本城、天草、温泉……そして2023年に国宝指定された世界最大級のアーチ式水路橋の通潤橋などなど、みどころがたいぎゃあるモン。ボクは県内のあちこちに出動するけん、前の日には必ず行く場所の歴史なんかをチェックするモン。行く場所のおいしいもんば見つけて、なんとか食べる時間をかくほしようってがんばるけど、「次のお仕事のあるけん無理たい」って言われることもあるモン。それでもささっと行って買ってきて食べるモン。食べ物への「しゅうちゃく」がすごすぎるって、くまモン隊のみんなにいつも言われるモン。でもおいしいもんは絶対、食べたかモン！

熊本のうまかもんは何って聞かれると、た

くさんありすぎていつも迷うモン。うーん……あか牛、天草大王（日本最大級の天草の地鶏）、赤鯛、クルマエビ、赤ナス、スイカ、馬刺し、そして全国1の生産量を誇るトマト！　赤いもんが多いモン。ボクのほっぺと一緒だモン。

　郷土料理としては、だご汁、一文字のぐるぐる、太平燕、辛子レンコン、熊本ラーメン、南関揚げ巻き寿司、いきなり団子など、たいぎゃあるモン。うなぎも鮎もおいしかモン。お米も水もおいしいモン。こうやって書いているだけで、よだれがジュルッと出てきたモン。おいしいものをみんなで食べると、もっとおいしくなるモン。

料理本制作のため出刃包丁で鯛を三枚におろす

ボクが実は「りょうり男子」って知ってるかモン？　熊本のおいしい食材を使って、りょうりするのが好きだモン。ときには自分で釣りばして、お魚さんをさばいたりしてるモン。ボク、「りょうり男子」っていうレシピ本も出してるモン。その中では「マイ出刃」で鯛ば三枚おろしにしとるけん、見てはいよ～。
　そのとき、どうしたらりょうり上手になれるか聞かれたモン。ボクは、「素材の声を聞くことだモン」って答えたモン。たとえばお魚さんを焼くときは、お魚さんの音に耳を澄ますモン。焦ってひっくり返したりしないで、ゆっくり声を聞くモン。「さすがりょうりじょうずは違うね」と言われて、思わず「どやっ！」ってひっく

鯛茶漬けを披露

り返りそうになったモン。あんまり威張ると「謙虚にね！」ってくまモン隊のみんなに怒られるモン。

　スイーツも大好きだモン。熊本の柑橘類を使ったゼリーとか、おいしいフルーツをたっぷり使ったフルーツモンチでいつでもお肌はぷるっぷるだモン。お休みの日は、よくスイーツを作ったりもしてるモン。いつかみなさんにふるまってみたいモン。

　おいしいものをおいしく食べられることに感謝！だモン。

熊本の「海のうまかもん」にご満悦

12 ボクのいろんなポーズ、見てほしかモン

くまモンはしゃべらないからコミュニケーションがとりづらいかというと、そんなことはない。コミュニケーションにおいては言語情報は7%に過ぎないという調査がある。言葉を発しなくても、彼の数え切れないさまざまなポーズやジェスチャーは非常に雄弁だ。

　いろいろなところでみなさんが写真を撮ってくれるから、ボク、いろんなポーズをするモン。「かわいい」「かっこいい」って言われると、どんどん体が勝手にポーズをとるようになってしもたモン。

　得意な「よかったー」のポーズをすると、「きゃあ」って黄色い声が聞こえることがあるモン。たいぎゃ気持ちいいから、もっ

と大きな声できゃあきゃあ言ってほしかモン。ボク、モテたかモン……。

　ときどき鏡を見ながらポーズの練習ばするモン。中でも「ハート」にはこだわってるモン。「キュン」が流行ったときは、毎日指先でハートを作って、ちゃんとハートに見えるかなあって指をいろんな角度にしてみたモン。胸のあたりで両手を使ってハートにするのもお気に入りだモン。どのくらいの位置がいいかなあって確かめながら練習したモン。ボクのイケメンぶりがよくわかるようにせなんと思っていたら、くまモン隊のみんなから「くまモン、体も手も黒いからよくわからないよ」って言われて、つこけてしもたモン。わかってくれる人がいればいいモンって背中を向けたら、「はいはい、すねないの！」ってからかわれたモン。

　壁ドンの練習もずいぶんしたけど、あんまりする機会がなかったモン。でもきれいな人を見ると、ついつい投げキッスばしてしまうモン。片手でやったり両手でやったり。愛をたくさん投げる

モン。ウィンクもしちゃうモン。ドキドキするかモン？　え？　しない？　＿｜￣｜○

　ボク、いつだって自分の気持ちをみなさんに伝えたいから、いろんなポーズやジェスチャーで伝えるモン。みなさんがたいぎゃ応援してくれるから、その気持ちをしっかり受け取って、それ以上の愛を返したいって心から思ってるモン。

　その場に応じていろんなポーズをとっさにすることもあるモン。つい先日も、ボクのステージで「くまモンに初めて会った人〜」という話になったとき、しょっちゅう顔を見る人たちが「はーい」って手を挙げたから、思わずヤンキー座りして「ああ？」って見つめたモン。すごんだつもりはなかモン。ものすごく笑ってもらえたから、ボクも楽しくなってしもたモン。みなさんとこうやって

ヤンキー座り

やりとりするのがうれしくて楽しくて、あっという間にステージの時間が終わってしまうモン。

マイクを持つと右手でこぶしを作りたくなるし、「コマネチ!」ポーズをしたりするから、よく「くまモンは昭和だね」って言われるモン。ボクはねんれいふしょうだモン。どこかで何かのポーズをして、誰かが笑ってくれればそれだけでうれしかモン。

熊本弁で「かわいい」は「むぞらしか」、「かっこいい」は「むしゃんよか」と言うモン。標準語でも熊本弁でもいいから、もっともっと声をかけてほめてほしかモン。ほめられるとどんどんやる気が出て伸びるタイプだモン。モテたいモン……。

マイクを持ったら離さない

13 イケメソの ボクの身だしなみ

くまモンはああ見えて（？）、意外におしゃれらしい。身だしなみには人一倍、気を配っていると豪語している。

　ボクがイケメソって言われるようになったのはいつからなんだろう……。くまモン隊の誰かが「くまモンはイケメンじゃなくてイケメソだよ」って言いだしたはずだモン。イケメソのほうがイケメンより上だってわかったモン。

　イケメソのボクは、いつだって身だしなみをきちんとしてるモン。お仕事の前にはシャカシャカ歯磨きばしてシャワーを浴びて、きれいに毛並みをととのえて、コロンをシュッシュッて吹きかけるモン。今日も色ツヤはバッチリ。鏡を見てうっとりしてるとすぐに時間が過ぎちゃうから、あわててじまんのヘアをドライヤーできれいに乾かして、ツヤがでるようブラッシングするモン。枝毛を見つけたらすぐに切るし、たまにはリーゼントヘアもよかなあと思って、ぐいぐいってセットすることもあるモン。ジェルで固めないと形が崩れるのがむずかしいところだモン。

　みなさんが写真を撮ってくれるから、肌荒れしていたらいかんけん、ちゃんと

化粧水と乳液でしっとりお肌を保つモン。まつげ美容液とかパックも欠かせないモン。もうちょっと小顔になりたい気もするばってん、八頭身の今がいちばんいいかなとも思ってるモン。

最近、ちょっと脱毛にはまってシートを使ってみたら、モン絶するほど痛かったけん、身だしなみは大変だなあって思ってるモン。シートを使っているところをくまモン隊のみんなに見つかって「くまモンは全身毛だらけなんだから、そんなの使っても間に合わないよ」「毛だらけなのがいいところなのに」って言われたモン。そんなもんかモン?

イケメソを保つためには、やっぱり筋トレが欠かせないモン。ボクの腹筋、知ってるかモン?　シックスパックにきれいに割れてるし、背筋だってすごかモーン。「くまモンはふくよか」とときどき書かれているのを見るけど、それは本当のボクを知らないだけだモン。ふくよかに見せて実はバリバリマッチョなのがボクだモン。

ばっちり筋トレしたあとは、プロテインを飲むモン。シャカシャカシャカって混ぜて、腰に手を当てて一気にぐいっといくモン。ボクの体脂肪、そうとう低いはずだモン。タンパク質は重要だから、食べ物からもきちんととるモン。

日本さかな検定3級もってるモン

究極のイケメソ？ 赤ふん姿

いろんな衣装を着るから、スタイルが崩れてはいかんモン。そうしないとむしゃんよかなオトコになれんモン。これからもボク、自分をきたえつづけるモン。自分とのたたかいは続くモン。

　からだだけじゃなくて頭もきたえろ？　うーん、ボク、ときどき本を読もうとがんばってみるばってん、気がつくとまぶたが重くなってて……。でもボク、日本さかな検定3級もってるのを知ってるかモン？　あのときはいっしょうけんめい、お勉強したっけ。ちせい（知性）もないと、これからの世の中はわたっていかれんけん、何かお勉強もしてみるかモン。

14 復興支援、ずっとずっと寄り添いたかモン

2024年元日に能登半島地震が起こり、人々は被害に見舞われた能登地域に思いを馳せた。それはくまモンも同じだ。日本のどこかで自然災害があるたび、くまモンのX（旧ツイッター）からは彼が窓外を眺めて物思いにふけったり、背中を見せて心配したりしている様子がうかがえる。石川県では9月に豪雨災害も起こった。

能登半島地震が起こったとき、ひとごととは思えなかったモン。すぐにでもおともだちの顔を見に行きたかったけど、まだボクが行く時期ではなかと思ってがまんしたモン。

そんなある日、一人のおともだちから新聞が送られてきたモン。その記事には避難生活の心細い日々に、娘さんからもらったボクのぬいぐるみが「心の支え」と話す96歳のおばあちゃんのことが書かれていたんだモン。

「今だ」、そう思ったモン。ボクはこのおばあちゃんや能登半島のみんなに元気を届けに行かなきゃと思ったモン。

7月、そんなボクの思いを実現するために、木村敬知事が「復興応援"絆"大使」に任命してくれたモン。そして、8月に木村知事といっしょに石川県に行ったモン。

石川県訪問。ひゃくまんさんとポーズ

　3日間で4市町8カ所の保育所や高齢者のデイサービスセンターへ行って、小さなおともだちから大きなおともだちまで、たくさんの人とお話ししたり一緒に踊ったりしたモン。小さなおともだちとぎゅってハグしたら、「くまモン、ふわふわ」って言われてうれしかったモン。小さなおともだちの笑顔は、どこで見ても気持ちがあったかくなるモン。

　そして、新聞に載っていたおばあちゃんにも会うことができたモン。会った瞬間すごく喜んでくれて「本物はかわいいねえ、くまモンに会えたおかげで、あと15年

くまモンを待っていたおばあちゃんと

は長生きできそうだよ」って言われたモン。周りのおじいちゃんやおばあちゃんたちもみんなボクが来るのを楽しみにしてたって聞いて、本当にうれしかったモン。ボク、おばあちゃんとしっかり手をつないだモン。手からいろいろなものが伝わってきた……そんな気がしたモン。ボク、子どもだけん、むずかしいことはわからんけど、手をつないだりハグしたりすると気持ちがとっても落ち着くモン。

　いろいろな被災地に行くたび、ボクが行ってもいいのかな、ボクにできることはあるのかなっていつも思うけど、行ってみるとみなさんが元気をくれるモン。だからそうだ、ボクもがまだすモンって思えるモン。人と人のつながりってこういうことを言うのかモン？

大歓迎に心を熱くした

その後、9月に発生した「令和6年（2024年）奥能登豪雨」もとっても心配だったモン。8月に会ったおともだちはみんな元気かなってずっと考えていたモン。
　11月には「ゆるバース2024in能登」に参加したモン。「We are 能登（not）alone」（私たちはひとりじゃない）っていうテーマがかかげられていて、これ、とってもいい言葉だなって思ったモン。ボクもひとりじゃなかモン。26人のキャラのおともだちが勢ぞろいして、能登にたくさんの元気をお届けするために、せいいっぱい踊ったり走り回ったりしたモン。
　石川県と熊本県、離れていても心はひとつだモン。これからもずっと応援していくモン。いっしょにがんばっていきたいモン。エイエイモ〜ン！

小さなおともだちとハグ

15 蒲島郁夫・前熊本県知事×くまモン

14年にわたる最強バディはどうやってできたのか

蒲島知事といえばくまモン、くまモンといえば蒲島知事。ふたりが顔を見合わせ、ハグすると周りの誰もが笑顔になったものだ。
2008年に東京大学教授から故郷の熊本県知事に転身した蒲島氏。2024年に16年の任期を満了して勇退したが、そのうち14年間はくまモンとともに仕事をしてきた。ふたりの対談はくまモンの豊かな身振り手振りと表情で、笑いに満ちたものとなった。（県知事任期中の2024年3月収録）

2014年、熊本県営業部長に、新たに「しあわせ部長」の肩書きが加わった

——くまモンはどういう部下でしたか？

蒲島 どんな困難な状況にあるときも、自分にできることを考え、実行し、ときには私の想像を超える結果を生み出してくれた。熊本県営業部長兼しあわせ部長として、常に「皿を割れ」の精神を体現している存在です。営業部長としてはさまざまな企業とのコラボを実現し、関連商品売り上げは累計1兆4596億円。しあわせ部長としては地震、水害、コロナ等、困難に直面する県民の心に寄り添ってくれました。これからも県民

長年のバディとして話が弾む

を笑顔にし、心の支えとなる存在として、熊本の活性化に貢献してほしいと思っています。

――くまモンにとって、知事はどんな上司でしたか？

くまモン いつもボクのことを応援してくれて、たくさんのことにチャレンジさせてくれたモン！ おかげでボクも成長できたモン。でもダイエット失敗での降格（営業部長から営業部長代理へ）は、ちょっときびしかったモン……。

――初期のころのくまモンとの思い出を教えてください。

蒲島 最初に会ったくまモンは痩せていて、あまりかわいいとは感じませんでした（笑）。くまモンが近づくと、子どもたちが逃げ惑っていたよね。でも県庁職員がたっぷり愛情を注ぎ、熊本のおいしいものをたくさん食べたのでかわいらしい姿になった。

くまモン名刺（第2弾）

私はこの本物のくまモンに会ったとき、子どもたちが大好きになってくれるだろうと確信しました。

──知事の命で大阪に行き、そこで1万枚の名刺配りからの失踪となるわけですが、あのときのくまモンの気持ちは？

くまモン　「神出鬼没大作戦」はたいぎゃがんばったモン！　失踪？　何の話かモン？　はじめはみんなに受け入れてもらえなくて、心が折れそうだったモン。でもちょっとずつSNSでつぶやいてくれる人が増えて、作戦は大成功だったんだモン。

──くまモンは今や、海外でも大人気です。

蒲島　くまモンのシンプルさ、愛らしいシルエットやしぐさ、俊敏な動きは世界中の人に理解できますよね。予想不可能な行動もみなさんを惹きつけているのだと思います。特定の言葉をしゃべらず、ジェスチャーだけで世界中の人々とコミュニケーションをとれる能力に感心しました。

くまモン　ボクの特技のダンスがあれば、誰とでもすぐに仲よくなれるモン！

──くまモンが成長していく過程で、転機はありましたか？

蒲島　いくつかありました。くまモンのイラストをみなさんに使ってほしいという思いから、『楽市楽座』の考えのもと、イラスト利用料を無料にしました。これにより、民間、大学をはじめさまざまな分野の方々が自由な発想でくまモンの共有空間を拡大して

ダイエットして細くなったモンとアピール

くれた。これが今のくまモンを創り出した大きな要因だったと思います。

くまモン自身も、ゆるキャラ®グランプリの優勝や本格的な海外進出など転機は多々ありましたが、印象に残っているのは2016年4月の熊本地震です。発災後、くまモンはすべての活動を中止しましたが、5月5日の子どもの日に活動を再開しました。避難所に行ったとき、子どもから高齢者までが笑顔になったのを見て、くまモンは県民の誇り、熊本の宝になったと強く感じました。その後、傷ついた県民に笑顔と元気を届けること、復興のシンボルとして支援の輪を広げてもらうことを彼の使命として託しました。彼はみごとに県民の希望の光となり、復興へと導いてくれました。

──振り返って、くまモンとのいちばんの思い出は何でしょうか。

蒲島　大阪の「吉本新喜劇」で、いっしょにずっこけたことがとてもおもしろかったですね。

くまモン　ボクもずっこけはよく覚えてるモン。島田一の介さんのギャグ「おじゃましますぅ〜」に合わせて、見事なコケ芸を決めたんだモン★

──くまモンにとって、知事とのいちばんの思い出は？

くまモン　ハーバード大学で、ヒト以外で初めて教壇に立ったこ

65

とだモン！　懐かしかモン。

──知事からくまモンに一言

蒲島　熊本だけでなく、日本中、世界中の幸福量を最大化してほしい。そしてみなさんの期待値を超える、私もびっくりするようなサプライズ＆ハッピーを提供してもらいたい。くまモンは熊本のシンボルなんです。これからも失敗をおそれずチャレンジを続け、永遠に愛される存在になれるよう、しっかりがんばってね。

──くまモンから知事に一言

くまモン　16年間おつくまさまでしたモン！　本当に感謝でいっぱいだモン！　ボクががんばっているといつも褒めてくれて、うれしかったモン。知事が教えてくれたことはボクの心にずっと残ってるモン！　これからもボクのチャレンジ、楽しみにしてはいよ〜★

──ここでくまモンからどうしても質問したいことがあるそうです。

くまモンからの言葉に知事もうれしそう

突然、片手腕立て伏せを披露

くまモン イケメソになるため筋トレがんばっとるけど、ボクの筋肉はどうかモン？

蒲島 子どもたちは痩せたくまモンより丸いくまモンが好きだから、あんまり筋トレしすぎなくても、今のままで大丈夫だよ。（いきなり片手腕立て伏せを始めたくまモンに）筋肉痛にならないようにね（笑）。

——もうひとつ、知事はいつも手を握ってくれるけど、ボクのモフモフはどうかモン？ と。

蒲島 これね、このモフモフね（とくまモンの手を握る）。最高だよね。どれだけこの手に救われたかわかりません。このモフモフが最高の幸せ。

ふたりはなかなか離れようとしなかった

67

第2章
ボクがいるところ

2023年に
リニューアルしたモン。
おろ？ なんだかボクに
似た子がいるモン

くまモンスクエア
市内繁華街

ここにもボクそっくりな子が
いるモン。たまに
ナイショ話するモン

2013年にオープンしたくまモンスクエアはボクの拠点だモン。ほぼ毎日、ボクはここで"華麗なる"ステージを繰り広げているモン。ここにしかないグッズもたくさんあるモン。熊本に来たら、まず寄ってほしかモン。

この通路を歩いてみなさんの前に出ていくとき、ボクはいつも「負けられない闘い」を意識してるモン

スクエアの中にはいろいろなコーナーがあるモン。
思い出の品がたくさんあるFAN'S HOUSEでは、
得意のDJに扮しちゃうモン

くまモンスクエア
熊本市中央区手取本町8-2
テトリアくまもとビル1階

ボクのグッズが
たいぎゃあるモン。
後ろの絵に合わせて
「おーい！」だモン

冒険から帰ってくると、
ここで一休み……
のつもりがうっかり
寝てしもたモン

くまモンビレッジ
サクラマチ クマモト

サクラマチ クマモト2階にあるくまモンビレッジは、毎週日曜日にボクが県内の冒険から戻ってくる場所だモン。各地で見つけた素敵なタカラモノをみなさんにお伝えするモン。合い言葉は「トレジャーハント！」、ドキドキワクワクのステージを一緒に楽しんでほしかモン。

くまモンビレッジ
熊本市中央区桜町3-10
サクラマチ クマモト2階

たまには
レジのお手伝いば
するモン

73

くまモン エアポート
熊本空港

阿蘇くまもと空港では、毎週土曜日に空港でみなさんをお迎えしとるモン。パイロット姿のボクのイケメソな姿を見てほしかモン。裏のないおもてなしばするけん、楽しみにして来てはいよ〜★

くまモンエアポート
熊本県上益城郡益城町
小谷1802-2
阿蘇くまもと空港内

くまモン ステーション
アミュプラザくまもと

熊本駅に隣接するアミュプラザくまもとのくまモンステーションでは、毎週日曜日にステージばしとるモン。駅長さんとして、沿線の町並みやうまかもんば紹介するモン。ボクと一緒に列車の旅に出かけてほしかモン。

ボク、実は乗り鉄だモン。電車大好き。駅長さんになるとテンション上がるモン。

KUMAMON Port Yatsushiro
くまモンポート 八代

くまモン
ポート八代
八代港

八代港は大型クルーズ客船受け入れの拠点だモン。ボクもキャプテンとして、お客さまをお迎えしたりお見送りしたりするモン。くまモンパークには、6メートルのボクをはじめ、84人のボクがいるから楽しんでほしかモン。

これだけの人数の合唱隊をまとめるのは大変だモン

くまモンベース
肥後大津駅

肥後大津駅に隣接するくまモンベースにもときどき行くモン。ここはボクの「秘密基地」だモン。いろいろな工具が置いてあるから、お仕事の合間にこっそり行って、秘密のことばするんだモン。

ボクといっしょにがんばるモン！

さて、今日はなにをするかモン

くまモンベース
熊本県菊池郡大津町室137-3

作戦を練るモン

工具ば点検するモン

消防車の不具合を修理するかモン

バイクも修理せなんモン

あー、
もう書き疲れたモン

オフショット

何か飲みたいモン

何か食べたいモン

落葉の
かたづけ、
お手伝いばするモン

駅前ベンチはなごむモ〜ン★

きれいに色づいた銀杏と、むしゃんよか天守閣とイケメソのボク。熊本城は別名、銀杏城とも呼ばれているモン

**しゃかいか見学①
熊本城**

84

1607年に加藤清正公が築城した熊本城（もとは隈本城）は、ボクたち県民にとっては心の支えだモン。晩年の宮本武蔵がここで過ごしたり、西南戦争の舞台になったり、いろんな歴史があるモン。2016年の熊本地震ではあちこち傷ついたけど、2021年に天守閣が復活、今は特別見学通路から復旧過程にある熊本城を見ることができるモン。今しか見られない熊本城を見てほしかモン。

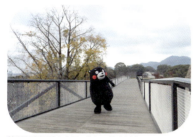

特別見学通路から見る「今の熊本城」もなかなかよかモン

うしろは数寄屋丸二階御広間だモン。石垣の一部がハートの形になってるのが見えるかモン？ ボクもハートを作ってみたモン

特別見学通路を歩いてみたモン

二様の石垣前で。重なった石垣は、それぞれ違う時代に作られたらしかモン。歴史を感じるモン

熊本城が完成するころ、ボクはなにをしてるかモン……?

修復工事はまだまだ続くモン。みなさん、お疲れさまだモン

エレベーターができて便利だモン

おろ?見つかったかモン?

ここは「闇り通路（くらがりつうろ）」だモン。昼間でも暗いから、そう呼ばれてるモン。熊本城の本丸御殿は2つの石垣をまたぐように建っているため、地下通路を有する特異な構造になってるモン。この通路を通って本丸御殿を行き来すれば、ナイショのやりとりも誰にも知られないってことかモン？ ワクワクするモン

早く完成するよう、応援していくモン🔍

天守閣前で。気持ちよかモン

熊本城 熊本市中央区本丸1-1

87

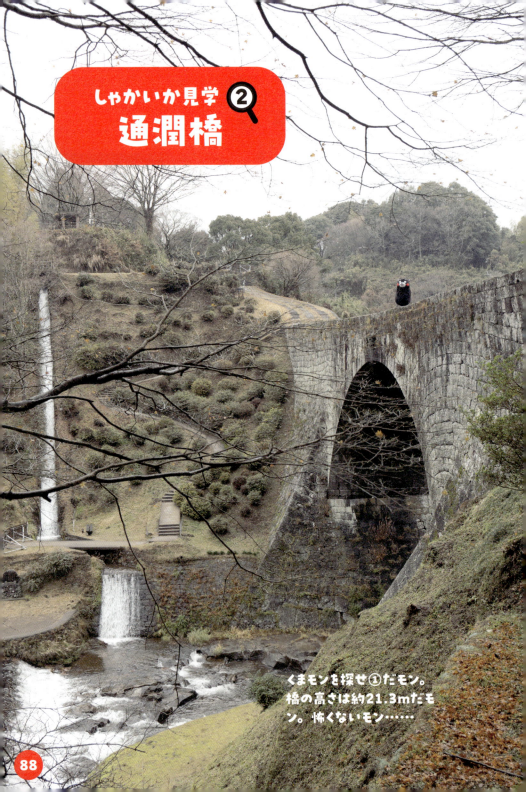

2023年、国宝に指定された通潤橋。1854（嘉永7）年、水不足に悩む白糸台地に水を送るため、矢部の惣庄屋・布田保之助によって造られた近世最大級の石造アーチ水路橋だモン。石造アーチ橋の中で唯一"放水"ができる橋なんだモン。ダイナミックな放水、1度、見てほしかモン。

ここから先が橋だモン

くまモンを探せ②だモン。橋の長さは約78.0mあるモン

放水すると、こんな感じだモン。5月から7月中旬までは農地灌漑のため、12月から3月までは通潤橋の石材の凍結を防止するため、放水は行ってないモン

おろ？ 出られなくなってしもたモン……

通潤橋　熊本県上益城郡山都町長原

89

熊本地震震災ミュージアムKIOKUの入り口だモン

しゃかいか見学 ③
熊本地震 震災ミュージアム KIOKU

広場から阿蘇山ば望むモン。
あの日のことを思い出すモン

熊本では、あの地震の経験から教訓を学び、後世に伝えることや、県内外問わず防災対応の強化を図ることなどを目的に、震災遺構を県内各地に制定してるモン。その中核拠点がここ、「熊本地震震災ミュージアムKIOKU」だモン。ミュージアムの中に入ると、震災遺物の展示や当時を振り返るシアターなどから被災の様子がわかるモン。防災についても学べるモン。"KIOKU"は、広場の奥にある旧東海大学阿蘇校舎1号館とその周辺のことだモン。もう一度、防災について考えてみる場所だモン。

モノと写真が語る「あのとき」だモン。本震の時間で止まった時計、つぶれた車……胸が痛むモン

巨大ジオラマで、県内の震度分布が解説されてるモン。熊本の風土がよくわかるモン

熊本地震震災ミュージアム KIOKU　熊本県阿蘇郡南阿蘇村河陽5343-1

広場から旧東海大学
阿蘇校舎へと向かうモン🔍

建物の真下を断層が貫いていたそうだモン。
窓ガラスが割れたまま遺されてるモン……

地表地震断層は、地面の隆起や亀裂、地面の横ずれを見ることができるモン。

ピザ作り

ちゃれんじ 1

くまモンファーム芦北・わらく農園

くまモンファーム芦北のわらく農園さんで、ボクの顔のピザ作りにちょうせんしたモン。ボク、りょうり男子だからたいぎゃ楽しかったモン。わらく農園さんの有機野菜で作るピザも人気だモン。

丸めた生地をボクの顔の形に伸ばしていくモン

こんな感じだモン。生地は米粉で、竹炭が少し入って黒くなってるモン

耳の形もちゃんと作っていくモン

特製の黒いミートソースを乗せていくモン

チーズをくり抜いて、目や口の部分を作るモン

ピザ作り楽しかモーン

ボクのほっぺはトマトで作るモン

ほっぺの大きさはどのくらいかモン？

こんな感じかモン?

できたモン。
なかなか
かわいかモン

窯に入れて焼くモン。
ピザ職人さんっぽいかモン？

じゅるっっ★

おいしそうだモン。

切り分けるモン。大成功だモン。みんなで一緒に食べたいモン

ピザ作り体験　https://www.kumamotto.net/detail/a2kf01000004/

ちゃれんじ 2 花手箱 絵付け
くまモンタウン人吉

民工芸館へようこそだモン

人吉クラフトパーク石野公園の民工芸館で、住岡郷土玩具製作所の住岡先生に教わりながら花手箱絵付けを体験させてもろたモン。平家の落人が作り始めたと言われている『花手箱』や『キジ馬』は、今も人吉・球磨地域の郷土民芸品として大事にされているモン。

始めるモン

まずは白から塗っていくモン

ほっぺは慎重にいくモン

きれいに塗れたかモン？

人吉クラフトパーク石野公園　https://h-craftpark.com/

公園内で遊ぶモン

気持ちがいいモン

キジ馬さん、楽しいモン

ソフトクリーム、大好物だモン

緑を黒く塗ったらできあがり。楽しかったモン

ちゃれんじ 3 そば打ち
くまモンファーム南阿蘇

道の駅 あそ望の郷くぎの敷地内にある「そば道場」で、そば打ちにちょうせんしたモン。おいしいおそばを食べるのが楽しみだモン

そば道場にやってきたモン

たのもう～～だモン

二八そばを作るモン。そば粉と小麦粉を混ぜて水を少しずつ入れて練るモン

だんだんまとまってきたモン

麺棒を使って伸ばしていくモン

麺棒に巻きつけるようにして伸ばすモン

四角くしていくモン

生地をたたんで切っていくモン

おいしそうなおそばができたモン。ゆでるモン

ゆで上がったおそばを
ざるに盛るモン

のりをたいぎゃかけるモン

おそばがはみ出しても
気にしないモン

南阿蘇村・そば道場　https://www.aso-sobadojyo.com/

どうぞだモン

今度はどんなおそばを食べようかなって考えるのも楽しかモン。みなさんも来てはいよ〜

自分で作ると、格別にうまかモン

103

ちゃれんじ 4
スケボー

スケボー、大好きだモン。
お仕事の合間に少しずつ
練習ば重ねとるモン。
うまくなったから
見てほしかモン

このポーズ、どうかモン？
むしゃんよかかモン？

乗ったら体重移動で
動いていくモン

見てみて〜だモン！
ぐんぐん動いてるモン

104

もっとかっこいいとこ見せるモン。
ベンチからスケボーに飛び乗るモン

ジャンピンぐま〜

乗れた！

こんなはずじゃなかったモン

これからも しょうじんするモン

楽しかモーン

くまモン年表

2010年	2月	翌年の九州新幹線全線開通に合わせ、「くまもとサプライズ！」のロゴが完成、そのおまけとしてくまモンが提案される
	3月	熊本県で臨時職員としてデビュー
	8月	初の大阪出張。「関空夏まつり」に登場
	9月	大阪で「神出鬼没大作戦」の展開が始まる
	10月	「くまもとサプライズ特命全権大使」に就任。1万枚の名刺配りを命じられる
	11月	名刺配布が嫌になったのか失踪。蒲島郁夫・熊本県知事が緊急記者会見を開く
	12月	くまモンイラスト利用許諾申請の受付開始。第一号は仏壇店だった
2011年	1月	大阪で吉本新喜劇に、蒲島知事、スザンヌ宣伝部長とともに出演
	3月	初のコラボ商品、エースコックの「スープはるさめ太平燕」発売
		九州新幹線全線開通。記念セレモニーに参加する予定が、前日の東日本大震災のため見送りに
	5月	初の海外出張で韓国へ
	7月	宮城県南三陸町や東松島市を訪問
	9月	熊本県営業部長に就任（知事、副知事に次ぐ要職）
	10月	企業訪問プロジェクト開始。UHA味覚糖に飛び込み営業、翌年のコラボ商品「ぷっちょスティック晩白柚」の発売につなげた
	11月	「ゆるキャラⓇグランプリ2011」で優勝
2012年	3月	大阪・なんばグランド花月前広場に「くまモンさん」像設置
	7月	「エアギター2012」大阪予選大会を4位で通過、8月の日本決勝大会に出場した
	8月	熊本県五木村で、当時高さ日本一のバンジージャンプに成功
	10月	東日本大震災の被災地などを訪ねて元気を届ける「くまもとから元気をプロジェクト！」を始動
	12月	米紙『ウォール・ストリート・ジャーナル』に取り上げられる

106

2013年	1〜3月	東京、大阪、福岡で「くまモンファン感謝祭」、熊本で「くまモン誕生祭」を開催
	4月	熊本日日新聞でくまモンの4コマ漫画連載開始
	5月	独シュタイフ社とのコラボ商品「テディベアくまモン」限定1500体が5秒で完売
		蒲島知事と東京大学の教壇に立つ。テーマは「行政の新フロンティア〜くまモンの経済学」
	7月	仏バカラ社とのコラボ商品に予約殺到
		仏、独、英国を訪問。パリでは「ジャパンEXPO」に参加
		熊本市に「くまモンスクエア」オープン
	8月	独BMWグループのMINIがくまモン顔の自動車「くまモンMINI」を発売
	10月	第5回観光庁長官表彰の大賞、グッドデザイン賞受賞
		天皇皇后両陛下（現・上皇ご夫妻）が熊本県庁で「くまモン展」を見学。両陛下の前で「くまモン体操」を披露
	11月	蒲島知事と米ハーバード大で講演
	12月	NHK「紅白歌合戦」にゲスト出演
2014年	1月	熊本県営業部長兼しあわせ部長に就任
		届いた年賀状が7000通を超える
	2月	タカラトミーの着せ替え人形リカちゃんとのコラボ商品発売
	3月	誕生日にGINZA TANAKAから1億円相当の純金製くまモンがお披露目
	7月	「くまもとから元気をプロジェクト！」で秋田県を訪問、47都道府県を制覇
2015年	3月	ダイエットに失敗、営業部長代理に降格
	5月	仏カンヌ映画祭に登場。くまモン主演のショートフィルムを上映
		台湾・台北に初の常設カフェ「KUMA Café」がオープン
	6月	営業部長に復帰
	10月	スペイン初訪問
		伊ミラノ「国際博覧会」に参加
		米サンアントニオを訪問、名誉市民の称号を授与される
	3月	香港で初の「くまモンファン感謝祭」開催

2016年	4月	熊本地震により活動停止
	5月	3週間ぶりに活動再開
	6月	復興のシンボルマーク「がんばるけん！ くまもとけん！」を発表
	9月	サッカー元イングランド代表のデービッド・ベッカムが「マリーナベイ・サンズ 熊本応援フットサルマッチ」に登場。くまモンはベッカムに熊本の特産品の梨を渡した
	11月	「くまもとから感謝をプロジェクト！」と称し、地震の復興支援への感謝を伝えるため、知事の名代として以後2年間で全都道府県を回った
2017年	3月	蒲島知事とともに日本外国特派員協会で記者会見をおこなう
		2017年度のフランス観光親善大使に就任
		タイ・バンコクで「くまモンファン感謝祭」開催
	9月	大阪の阪急うめだ本店で「大くまモン展」開催
2018年	2月	夏祭りに参加するため豪メルボルンを訪問
	6月	東京大学先端科学技術研究センターの研究員に任命される
	9月	「ぽすくま&くまモン」切手および「おたよりセット」発売
	10月	熊本県での自動車ナンバープレートにくまモンイラストが採用される
		2019年に熊本県で開催される女子ハンドボール世界選手権をPRするためスポーツ庁を訪問
2019年	1月	NHK「プロフェッショナル 仕事の流儀」でスーパー地方公務員としてクローズアップされる
		デンマークを訪問、フレデリック皇太子とのツーショットが話題に
	5月	4月に発生した仏ノートルダム大聖堂一部焼失を受けて、くまモンチャリティグッズが販売され、売り上げを全額寄付
	9月	熊本市街地「SAKURA MACHI Kumamoto」に「くまモンビレッジ」オープン
	11月	英雑誌『MONOCLE』日本特集で表紙を飾る。記事も満載
2020年	3月	デビュー10周年を迎える
		八代市に「くまモンポート八代」が完成
	9月	尚絅大学・尚絅大学短期大学部が、熊本県と連携しながら「くまモン学」としてくまモンの研究を始める

2021年	7月	東京2020オリンピック・パラリンピック開会日に「アスリートやがんばる人々を応援したい」という気持ちが高まって、体が藍色に変化
		「くまモンの『みんなサンくまプロジェクト』〜人吉・球磨は元気だモン♪〜」を人吉で開催
	12月	熊本県内のさまざまな場所をくまモンと関連付ける「くまモンランド化構想」が発表される
2022年	3月	2011年の調査開始以来、くまモン利用商品の売り上げが累計1兆円を突破
	4月	「第35回ジュノン・スーパーボーイ・コンテスト」に挑戦
	5月	熊本駅に「くまモンステーション・IN アミュプラザくまもと」がオープン
	10月	「くま博2022」の総合プロデューサーとして熊本を発信
	11月	「くまモン検定」が期間限定で開催
2023年	2月	TikTok開設
	3月	初の公式ファンクラブ「くまモンFANS」開設
		阿蘇くまもと空港リニューアルにともない、施設内に「くまモンエアポート」オープン
	7月	くまモンスクエアが10周年を機に大リニューアルオープン
	8月	M-1グランプリ2023にコンビ名「くまモン隊」として挑戦。1回戦を突破するも2回戦で惜しくも敗退
	11月	5年ぶりに南米を訪問
2024年	3月	くまモンスクエア累計来場者数350万人突破
		くまモン利用商品売り上げが累計、1兆4596億円となる
	6月	2025年の大阪・関西万博スペシャルサポーターに就任
	7月	「復興応援"絆"大使」に任命される
	8月	能登半島地震で被害の大きかった石川県の被災地を訪問
	11月	大阪市でアーカイブ展「ボク、くまモン！展 〜あらためまして、よろしくま。15の企画で待ってるモン！〜」開催
2025年	3月	デビュー15周年を迎える

あとがき

　読んでくまさってありがとうございましただモン。15年を振り返ってみると、本当にいろんなことがあったなあって思ったモン。
　大阪で誰も振り向いてくれなかったこととか、その後、イベントにみなさんが足を運んでくれるようになったこと、地元の熊本では小さなおともだちに逃げられてばかりいたけど、ゆるキャラ®グランプリをとったときはみんなが喜んでくれたこと。そこからボクが、熊本のためにがんばろうって思うようになったこと。そして熊本地震、人吉球磨の水害……。「あのとき」、ボクが

思ったことを正直に書いてみたモン。みなさんが読んでどう思うか、たいぎゃ気になるモン。

15年。思い出すとキリがないモン。大きなことばかりじゃなくて、毎日、本当にいろいろなことがあったモン。ボク、夜寝るとき、いつも今日のステージ、みなさんが楽しんでくれたかなあとか、明日はどんな人に会えるのかなあとか考えてるモン。でも考えているうちにすぐに寝てしまうモン……。

これからのボクの夢……。なんてったって「世界せいは」だモン。ばっ、「くまモン、調子に乗らないの！」ってくまモン隊から総ツッコミされたモン。でも世界中の小さなおともだちに会ってみたいし、笑顔も見たいモン。もちろん、日本のおともだち、熊本のおともだちとも、もっともっと会いたいモン。

「ますます忙しくなるね」と言われるけど、忙しくてもいいんだモン。ボクは毎日、とっても楽しいから。まだボクが会ったことのないおともだちもたいぎゃいるから、ひとりでも多くの人に会いたいモン。

♥ これからも応援よろしくま。♥
この本を読んでくまさったみなさんに、
ボクからたーくさんの投げキッスば送るモン！

くまモン

熊本県営業部長兼しあわせ部長。
2010年、翌年の九州新幹線全線開通のための「くまもとサプライズ！」のロゴ制作のおり、「おまけ」として誕生。その後、くまもとのおいしいものを食べて今の姿に。
当初は臨時職員としてデビュー、同年10月、くまもとサプライズ特命全権大使に就任。
11年9月、蒲島郁夫・熊本県知事から熊本県営業部長に抜擢（県でNo.3の地位）。同年11月、「ゆるキャラ®グランプリ2011」で優勝、快進撃が始まる。
13年7月には熊本市の中心地に「くまモンスクエア」がオープン、活動拠点でありファンの聖地となっており、2025年1月現在、350万人を超える来場者を数える。
14年1月、熊本県しあわせ部長を兼任。16年4月の熊本地震発生後、活動を控えるも3週間後には各方面からの応援を受けて避難所の訪問を始める。2024年には、現・木村敬県知事から「復興応援"絆"大使」の命を受け、能登地震に見舞われた石川県を訪問した。
海外での人気も高く、今までに29を超える国と地域を訪問。フランス・パリでの「ジャパンエキスポ」には、2013年からコロナ禍を除き毎夏、参加している。
活動開始以来のくまモン利用商品の売り上げは累計1兆4596億円となった。

協力（順不同）

熊本県	くまモンエアポート	くまモンタウン人吉
くまモンスクエア	くまモンベース	熊本県山都町
くまモンビレッジ	熊本城総合事務所	くまモンファーム南阿蘇
くまモンステーション	熊本市役所	熊本地震震災遺構KIOKU
くまモンポート八代	くまモンファーム芦北	

スタッフ

撮影　　　　宮井正樹
　　　　　　（一部、熊本県庁その他より提供）
企画・構成　亀山早苗
ブックデザイン　大森由美

Special thanks

（株）RKKメディアプランニング

くまモンの「ボクのきもち」

2025年3月12日　初版第1刷発行

著者　　くまモン
発行人　廣瀬和二
発行所　辰巳出版株式会社
　　　　〒113-0033　東京都文京区本郷1丁目33番13号　春日町ビル5F
　　　　TEL　03-5931-5920（代表）
　　　　FAX　03-6386-3087（販売部）
　　　　URL　http://www.TG-NET.co.jp
印刷・製本　中央精版印刷株式会社

定価はカバーに記してあります。本書を出版物およびインターネット上で無断複製（コピー）することは、著作権法上での例外を除き、著作者、出版社の権利侵害となります。
乱丁・落丁はお取り替えいたします。小社販売部までご連絡ください
Printed in Japan　ISBN978-4-7778-3215-6 C0095

©2010熊本県くまモン